1 Lies und verbinde.

Mi		Li	
Mo		La	
Ma		Lo	
Su		Nu	
Sa		Ni	
Si		Na	

☺ 😐 ☹ 1

1 Lies und kreuze an.

○ Sifa

○ Sofo

 Sofa

○ Fito

○ Fute

○ Foto

○ Dano

○ Dino

○ Dine

○ Hose

○ Hesi

○ Hase

2

1 Ergänze, schreibe und verbinde.

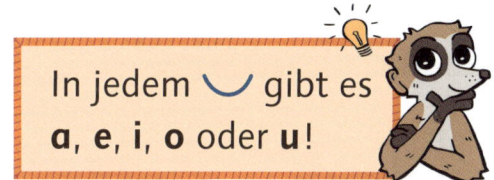

In jedem ⌣ gibt es **a**, **e**, **i**, **o** oder **u**!

die Tom**a**te

die Sal_mi

die B_nane

die Ameis_

das L_neal

die Tomate

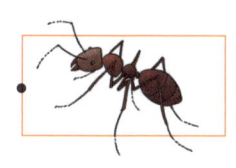

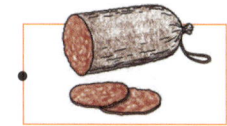

   3

1 Lies und kreuze an.

○ Hase

⊗ Nase

○ Oma

○ Opa

○ Seite

○ Seife

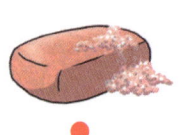

○ Dino

○ Kino

○ Hose

○ Rose

○ Leine

○ Beine

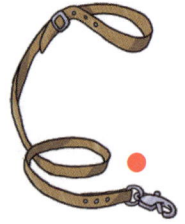

 2 Zeichne  ein.

1 Lies und verbinde. Schreibe.

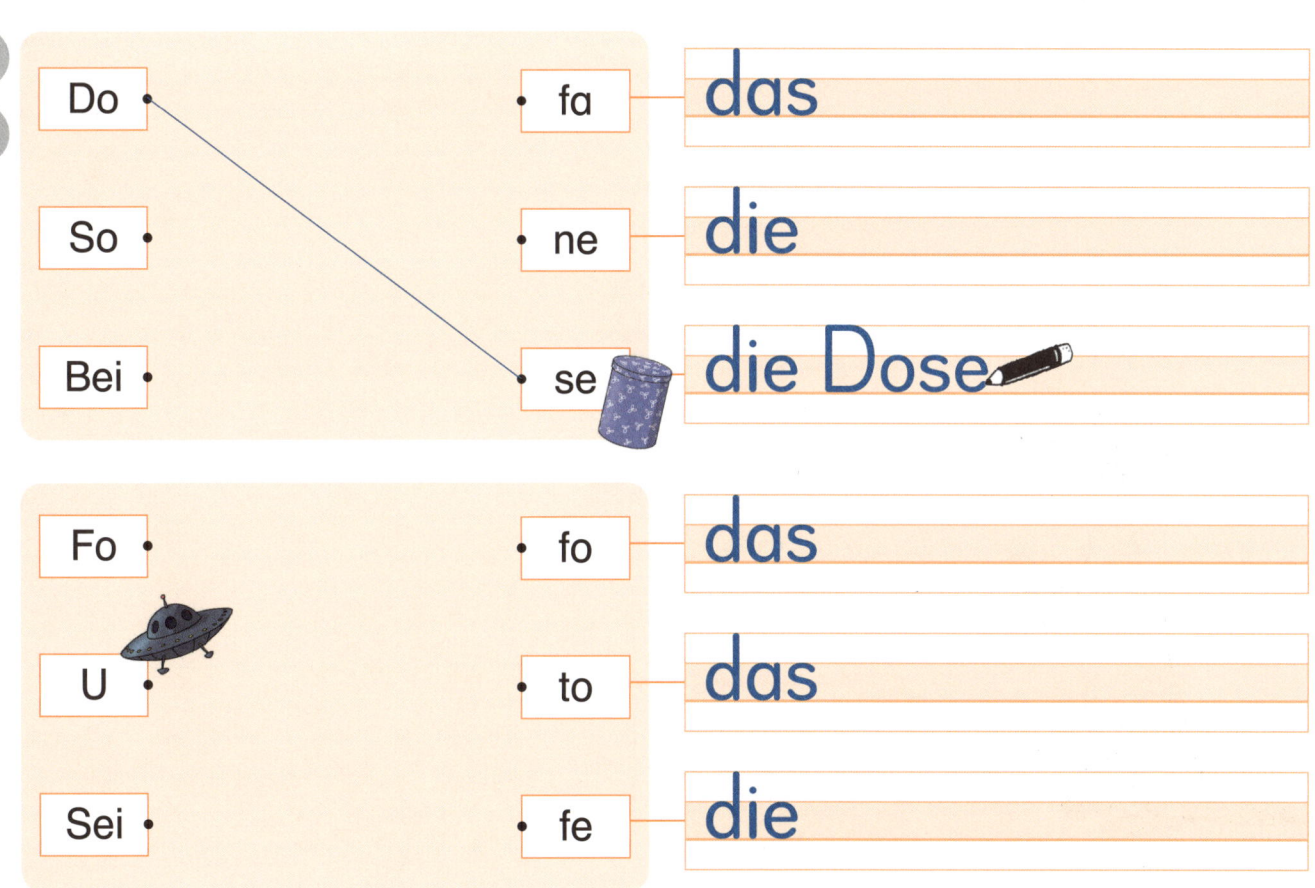

Do •	• fa
So •	• ne
Bei •	• se

das

die

die Dose

Fo •	• fo
U •	• to
Sei •	• fe

das

das

die

☺ ☺ ☹ 5

1 Zeichne nach.

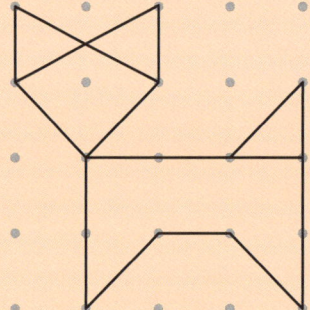

1 Lies und verbinde.

San •

Son •

Sin •

Pen •

Pan •

Pin •

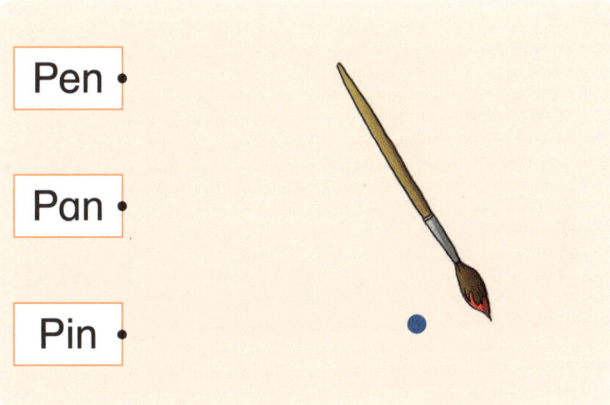

Lom •

Lim •

Lam •

Am •

Om •

Em •

☺ ☺ ☹ 7

1 Lies und kreuze an.

- ○ Sonne
- ○ Sanne
- ○ Sunne

- ○ Lumpe
- ○ Lampe
- ○ Lempe

- ○ Affa
- ○ Affi
- ○ Affe

- ○ Palme
- ○ Polme
- ○ Pelme

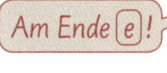

Am Ende e !

8

1 Ergänze, schreibe und verbinde.

In jedem ‿ gibt es
a, **e**, **i**, **o** oder **u**!

der **Sal_t**

der **Pak_t**

der **Delf_n**

das **Telef_n**

der **Elef_nt**

1 Lies und kreuze an.

○ das **Messer**

○ der **Roller**

○ der **Salat**

○ das **Regal**

○ der **Delfin**

○ die **Wolke**

○ die **Palme**

○ das **Paket**

○ die **Wippe**

○ die **Rutsche**

○ das **Kamel**

○ die **Kette**

 2 Zeichne  ein.

10

1 Lies und verbinde. Schreibe.

Tas •	• ser	das
Mes •	• me	die
Pal •	• se	die
Wan •	• te	die
Ket •	• ne	die
Kis •	• sen	das

11

1 Suche die Silben zum Bild. Kreise sie ein.

Kof (Ker) Ka Kir me mal (ze) ton

En Em Am El pol pel zo

Im Lin Is In sol tal sel ten te

Am El En Es ter te le sen

Te Re Ro Po ge sa gal mi so

1 Verbinde und schreibe.

Un	Bril	Kof	Gur

le	fer	fall	ke

Unfall

1 Lies und verbinde.

Am Ende **el**!

Ap •
• tel
• fel

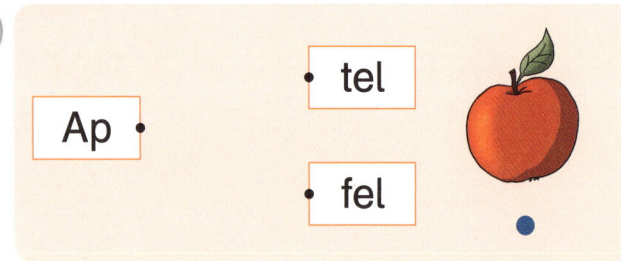

Ta •
• fel
• nel

Na •
• kel
• del

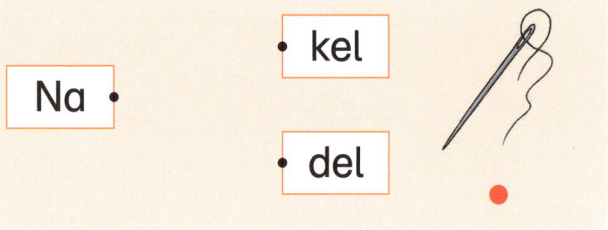

In •
• sel
• kel

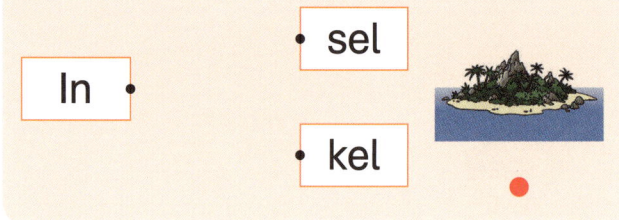

E •
• sel
• mel

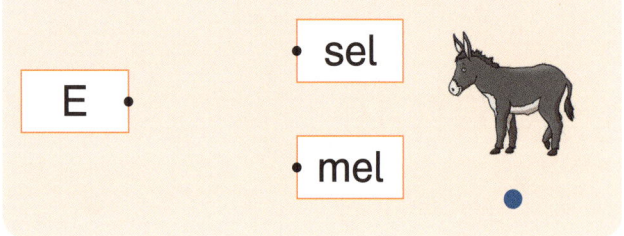

Pin •
• tel
• sel

☺ 😐 ☹

1 Lies und verbinde.

E	•	
U	•	
I	•	• gel

Ni	•	
Nu	•	
Ne	•	• del

Ga	•	
Go	•	
Gi	•	• bel

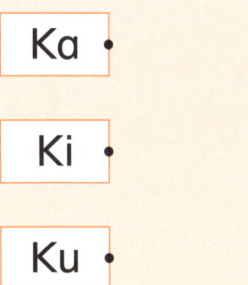

Ka	•	
Ki	•	
Ku	•	• gel

2 Male el farbig an.

☺ ☺ ☹ 15

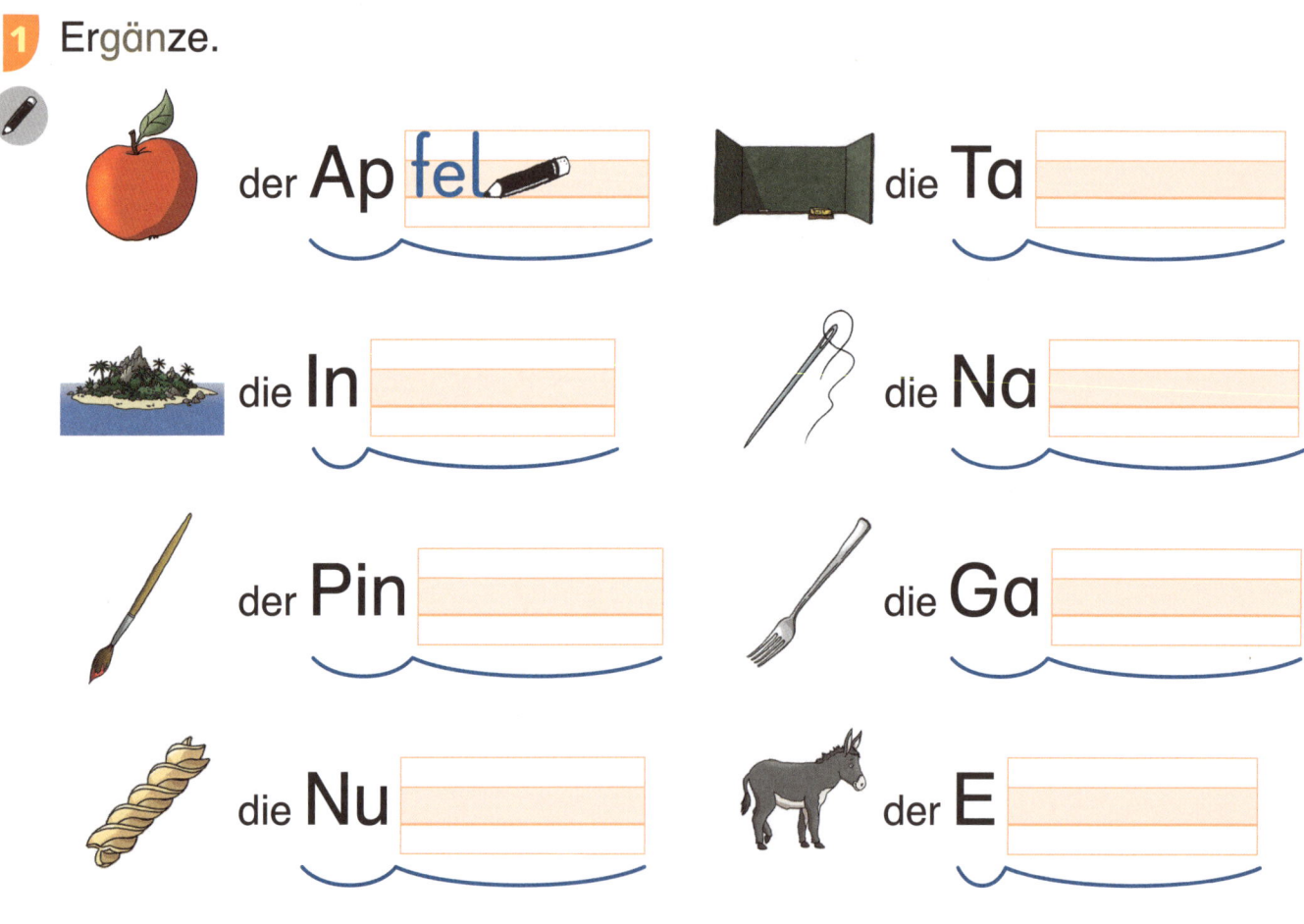

1 Ergänze.

der Ap fel

die Ta

die In

die Na

der Pin

die Ga

die Nu

der E

1 Lies und verbinde.

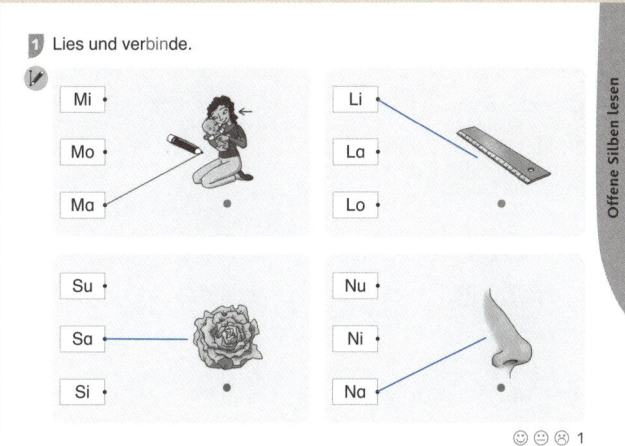

Mi
Mo
Ma

Li
La
Lo

Su
Sa
Si

Nu
Ni
Na

☺ ☺ ☹ 1

1 Lies und kreuze an.

○ Sifa
○ Sofo
☒ Sofa

○ Fito
○ Fute
☒ Foto

○ Dano
☒ Dino
○ Dine

☒ Hose
○ Hesi
○ Hase

2 ☺ ☺ ☹

1 Ergänze, schreibe und verbinde.

In jedem ‿ gibt es **a, e, i, o** oder **u**!

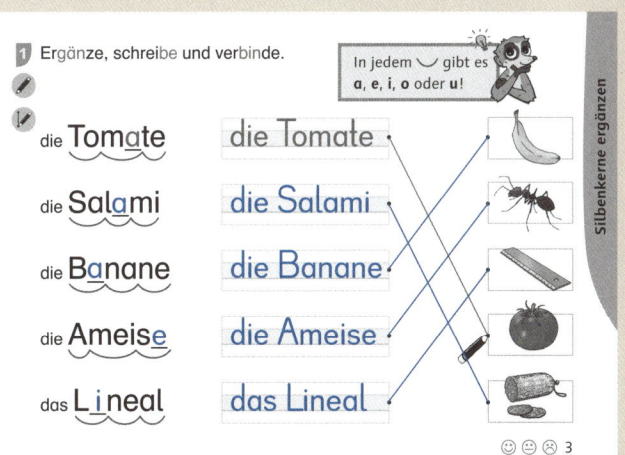

die Tom**a**te — die Tomate
die Sal**a**mi — die Salami
die B**a**nane — die Banane
die Ameis**e** — die Ameise
das L**i**neal — das Lineal

☺ ☺ ☹ 3

1 Lies und kreuze an.

○ Hase
☒ Nase

☒ Dino
○ Kino

☒ Oma
○ Opa

○ Hose
☒ Rose

○ Seite
☒ Seife

☒ Leine
○ Beine

2 Zeichne ‿ ein.

4 ☺ ☺ ☹

17

1 Lies und verbinde. Schreibe.

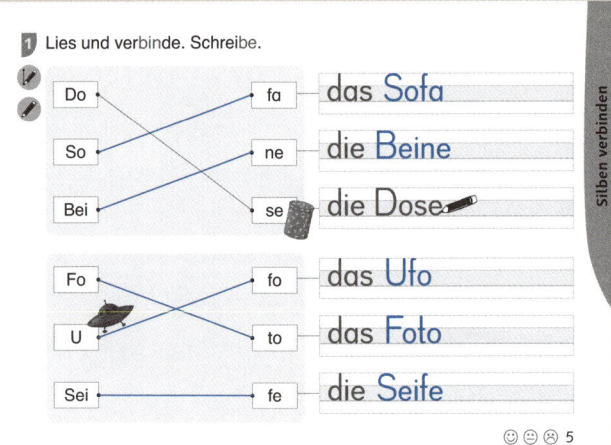

Do — fa · das Sofa
So — ne · die Beine
Bei — se · die Dose

Fo — fo · das Ufo
U — to · das Foto
Sei — fe · die Seife

☺ ☺ ☹ 5

Viel Spaß!

1 Zeichne nach.

6

1 Lies und verbinde.

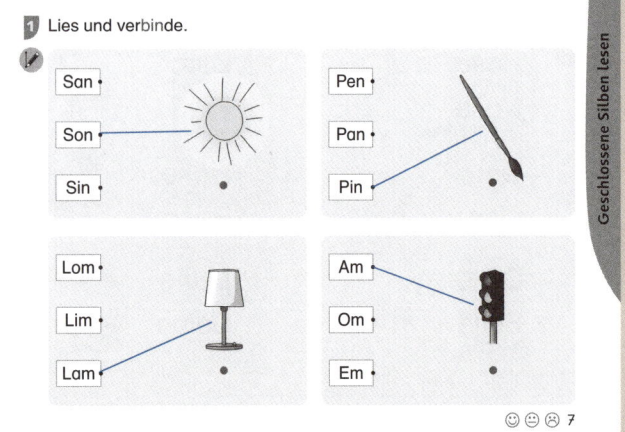

San · Son · Sin ·

Pen · Pan · Pin ·

Lom · Lim · Lam ·

Am · Om · Em ·

☺ ☺ ☹ 7

1 Lies und kreuze an.

☒ Sonne
○ Sanne
○ Sunne

○ Lumpe
☒ Lampe
○ Lempe

○ Affa
○ Affi
☒ Affe

☒ Palme
○ Polme
○ Pelme

Am Ende e!

8 ☺ ☺ ☹

1 Ergänze, schreibe und verbinde.

In jedem ‿ gibt es **a, e, i, o** oder **u**!

der Sal**a**t — der Salat

das Pak**e**t — das Paket

der Delf**i**n — der Delfin

das Telef**o**n — das Telefon

der Elef**a**nt — der Elefant

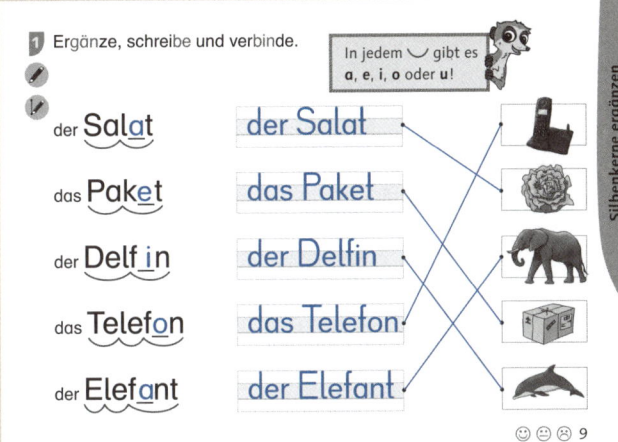

☺ 😐 ☹ 9

Silbenkerne ergänzen

1 Lies und kreuze an.

○ das **Messer**   ○ der **Salat**
☒ der **Roller**   ☒ das **Regal**

○ der **Delfin**   ○ die **Palme**
☒ die **Wolke**   ☒ das **Paket**

○ die **Wippe**   ☒ das **Kamel**
☒ die **Rutsche** ○ die **Kette**

2 Zeichne ‿ ein.

10 ☺ 😐 ☹

Sinnentnehmend lesen

1 Lies und verbinde. Schreibe.

Tas — ser   das **Messer**
Mes — me   die **Palme**
Pal — se   die **Tasse**

Wan — te   die **Kette**
Ket — ne   die **Wanne**
Kis — sen   das **Kissen**

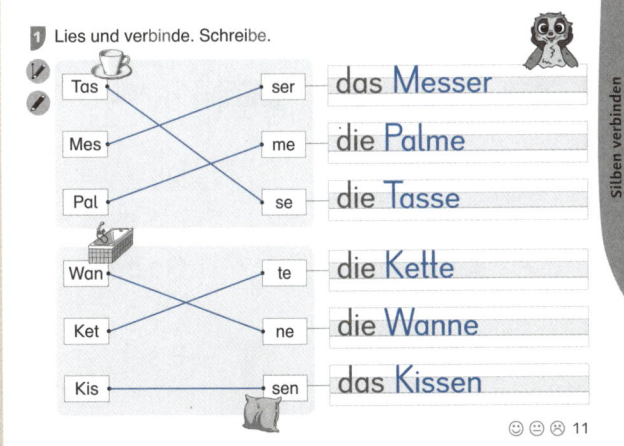

☺ 😐 ☹ 11

Silben verbinden

1 Suche die Silben zum Bild. Kreise sie ein.

Kof (Ker) Ka Kir me mal (ze) ton

En Em (Am) El pol (pel) zo

Im Lin Is (In) sol tal (sel) ten te

Am El (En) Es ter (te) le sen

Te (Re) Ro Po ge sa (gal) mi so

12 ☺ 😐 ☹

Silben einkreisen

19

1 Verbinde und schreibe.

Un	Bril	Kof	Gur

le	fer	fall	ke

Brille **Koffer** **Unfall** **Gurke**

13

Silben verbinden

1 Lies und verbinde.

Am Ende el!

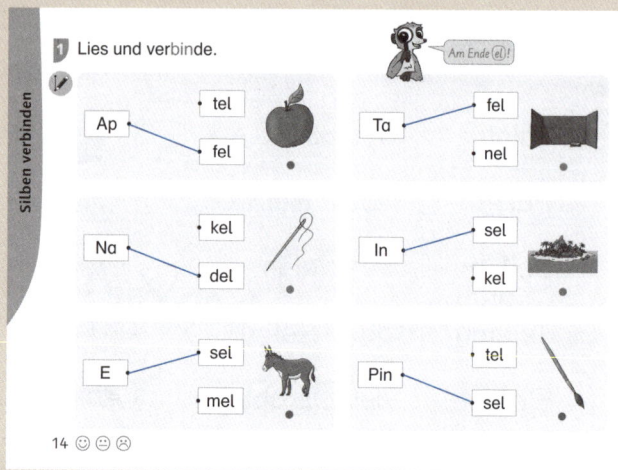

Ap • • tel • fel

Ta • • fel • nel

Na • • kel • del

In • • sel • kel

E • • sel • mel

Pin • • tel • sel

14 ☺ ☻ ☹

Silben verbinden

1 Lies und verbinde.

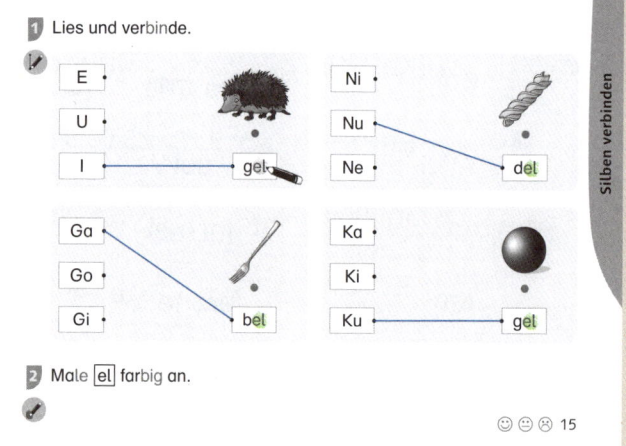

E •
U •
I • — • gel

Ni •
Nu • — • del
Ne •

Ga • — • bel
Go •
Gi •

Ka •
Ki •
Ku • — • gel

2 Male el farbig an.

☺ ☻ ☹ 15

Wörter ergänzen

1 Ergänze.

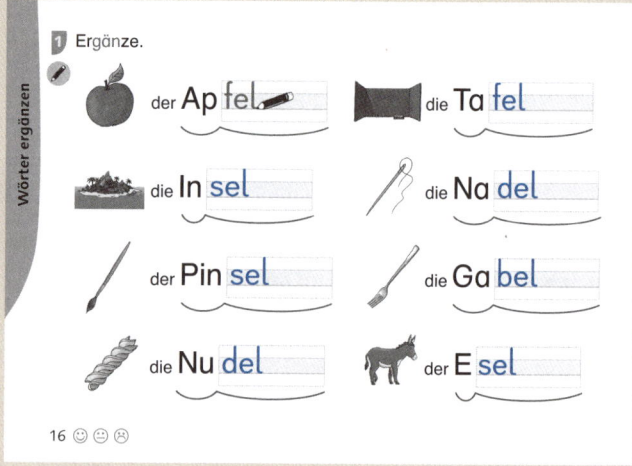

der Ap fel   die Ta fel

die In sel   die Na del

der Pin sel   die Ga bel

die Nu del   der E sel

16 ☺ ☻ ☹

20

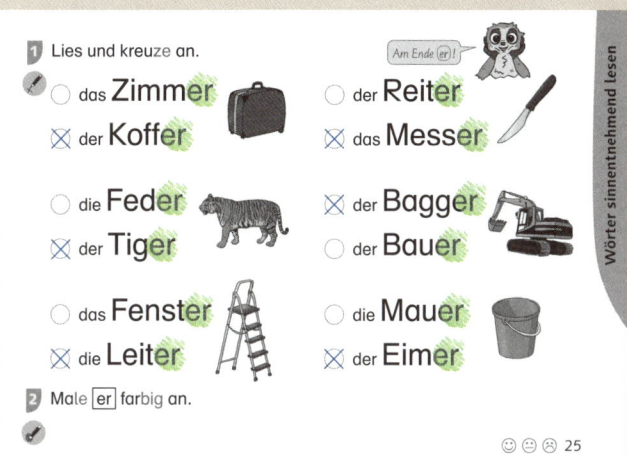

1 Lies und kreuze an.

Am Ende **er** !

- ◯ das Zimmer
- ☒ der Koffer

- ◯ der Reiter
- ☒ das Messer

- ◯ die Feder
- ☒ der Tiger

- ☒ der Bagger
- ◯ der Bauer

- ◯ das Fenster
- ☒ die Leiter

- ◯ die Mauer
- ☒ der Eimer

2 Male **er** farbig an.

☺ ☺ ☹ 25

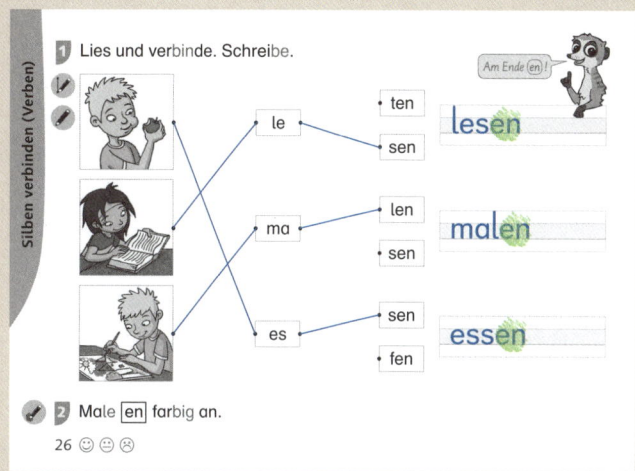

1 Lies und verbinde. Schreibe.

Am Ende **en** !

le — ten / sen → lesen

ma — len / sen → malen

es — sen / fen → essen

2 Male **en** farbig an.

26 ☺ ☺ ☹

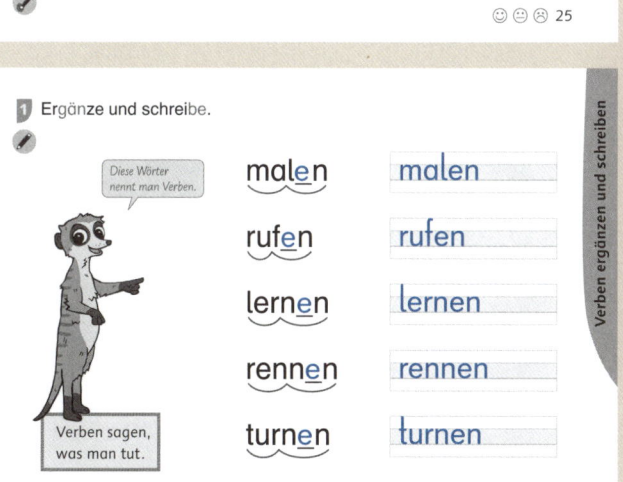

1 Ergänze und schreibe.

Diese Wörter nennt man Verben.

malen	malen
rufen	rufen
lernen	lernen
rennen	rennen
turnen	turnen

Verben sagen, was man tut.

☺ ☺ ☹ 27

Viel Spaß!

1 Male aus, was du gern tust.

rennen

fahren

helfen

malen

essen

28

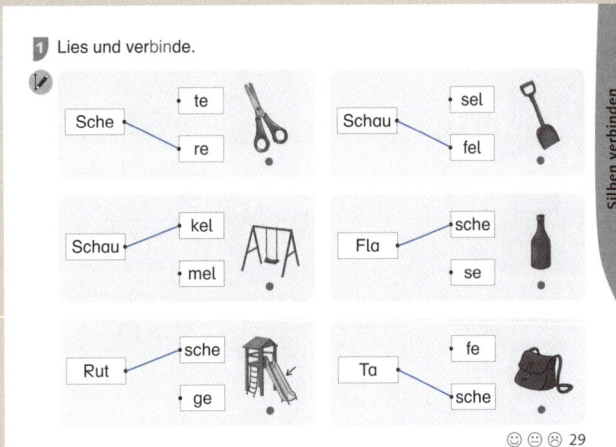

1 Lies und verbinde.

Sche • te / • re ✂
Schau • sel / • fel 🪏
Schau • kel / • mel 🛝
Fla • sche / • se 🍾
Rut • sche / • ge 🛝
Ta • fe / • sche 🎒

☺ ☺ ☹ 29

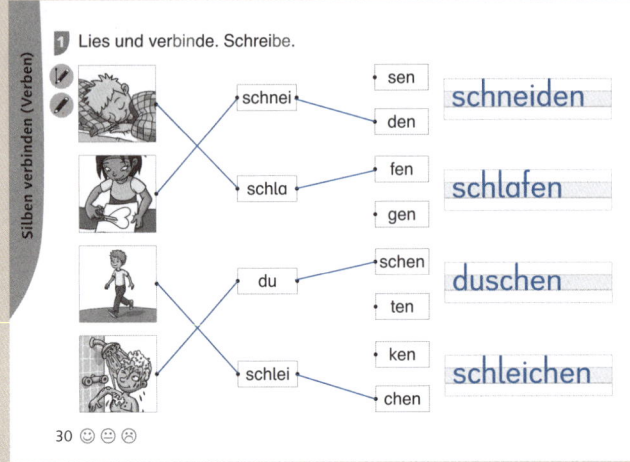

1 Lies und verbinde. Schreibe.

schnei • sen / • den → **schneiden**
schla • fen / • gen → **schlafen**
du • schen / • ten → **duschen**
schlei • ken / • chen → **schleichen**

30 ☺ ☺ ☹

1 Lies und kreuze an.

☒ Dach
○ Bach

○ Molch
☒ Milch

○ Tuch
☒ Buch

☒ Bauch
○ Rauch

○ Nacht
☒ Acht

☒ Drachen
○ Sachen

2 Male ch farbig an.

☺ ☺ ☹ 31

1 Suche die Silben zum Bild. Kreise sie ein.

Ta la schi (Fla) Kre to li (sche)
(Blu) ne ti lu sa mi ne (me) to ni
(Kro) do lo (ko) mi la (dil) se ni
Fro Fli mo Ta (Flug) zi (zeug)
Zi Zwei Li (Zwie) tel (bel) bo ni

Ein Wort auf dieser Seite hat 3 Silben!

32 ☺ ☺ ☹

22

Seite 33

1 Ergänze, schreibe und verbinde.

Was fehlt hier? a, e, i, o oder u?

die Zitr**o**ne — die Zitrone

das Krok**o**dil — das Krokodil

der Pol**i**zist — der Polizist

der Pap**a**gei — der Papagei

die Schok**o**la**de** — die Schokolade

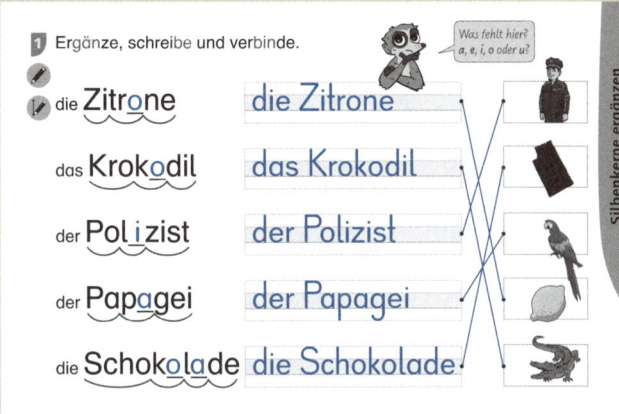

☺ 😐 ☹ 33

Seite 34

1 Lies und kreuze an.

○ das Flugzeug ☒ die Zitrone
☒ die Flasche ○ die Zwiebel

☒ das Krokodil ○ der Elefant
○ der Polizist ☒ der Papagei

○ die Schokolade ☒ die Zahnbürste
☒ die Waschmaschine ○ der Lastwagen

2 Zeichne ‿‿, ⌣⌣ oder ⌣‿‿ ein.

34 ☺ 😐 ☹

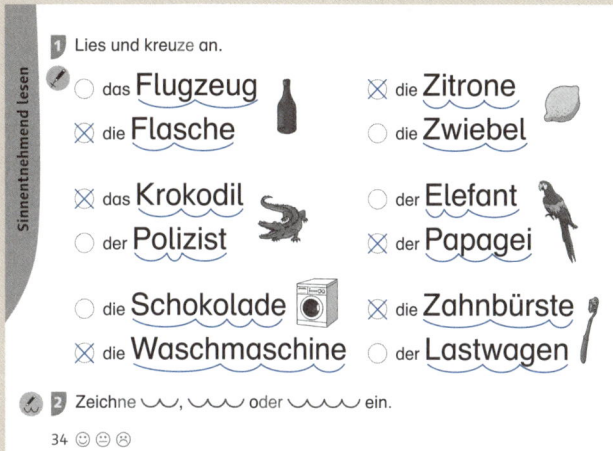

Seite 35

1 Male nur diese Dinge bunt aus:
Buch, Milch, Schere, Schüssel, Tisch

Viel Spaß!

35

Seite 36

1 Lies und kreuze an.

○ Dose ☒ Leiter
☒ Rose ○ Reiter

○ Hase ○ Tonne
☒ Nase ☒ Sonne

○ Kanne ☒ Wippe
☒ Wanne ○ Klippe

2 Zeichne ‿ ein.

Feine Reime!

36 ☺ 😐 ☹

1 Suche die Silben zum Bild. Kreise sie ein.

La li (Ba) No (na) ni me lo kra ne

(A) E li Lo mi mau (mei) ke (se) di

Kro de (Sa)(Ta) li (la) ne se scho (mi)

Ma Ka (Pa) pi du sa scho (pa) gi (gei)

So (Scho) Ta (ko) lo (la) di fa (so)(de)

Das kann ich schon!

☺ ☺ ☹ 37

---

1 Ergänze, schreibe und verbinde.

Das kann ich schon!

der Elef**a**nt | der Elefant
die Zitr**o**ne | die Zitrone
der Pap**a**gei | der Papagei
das Krokod**i**l | das Krokodil
die Sch**o**k**o**lade | die Schokolade

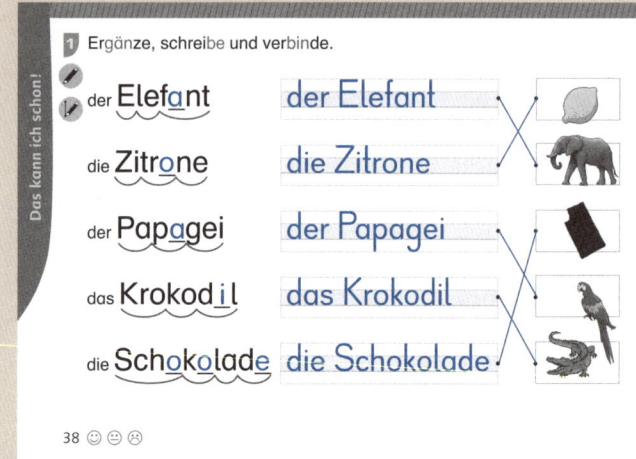

38 ☺ ☺ ☹

---

1 Ergänze.

die Lam **pe** | der Pin **sel**
die Am **pel** | das Pa **ket**
der Del **fin** | der Sa **lat**
die Ta **fel** | das Ka **mel**

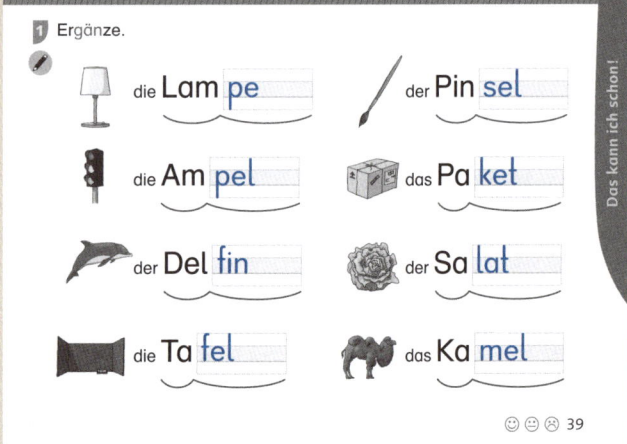

☺ ☺ ☹ 39

Viel Spaß!

1 Löse das Rätsel.

1. Man stellt Bücher hinein.
3. Man trägt sie an den Beinen.
4. Man sitzt oder liegt darauf.
5. Man isst damit, aber keine Suppe.

1. R E G A L
2. L I N E A L
3. H O S E
4. S O F A
5. G A B E L
6. I N S E L
7. Z I T R O N E

Das Lösungswort hat drei Silben.

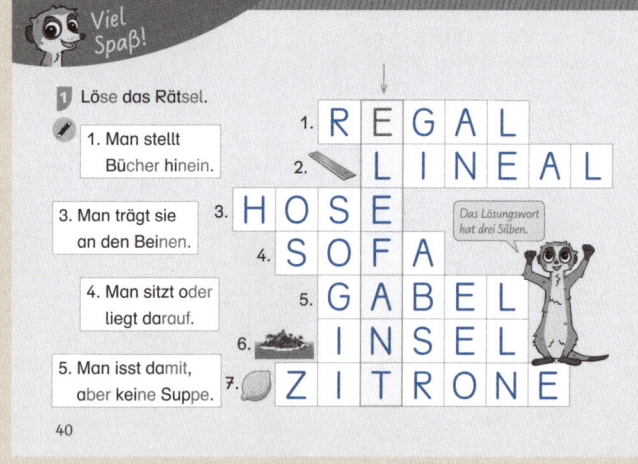

40

24

1 Lies und kreuze an.

○ das **Zimmer**
○ der **Koffer**

○ die **Feder**
○ der **Tiger**

○ das **Fenster**
○ die **Leiter**

Am Ende **er** !

○ der **Reiter**
○ das **Messer**

○ der **Bagger**
○ der **Bauer**

○ die **Mauer**
○ der **Eimer**

2 Male **er** farbig an.

☺ ☺ ☹ 25

1 Lies und verbinde. Schreibe.

Am Ende en!

· le ·

· ma ·

· es ·

· ten
· sen

· len
· sen

· sen
· fen

 2 Male en farbig an.

26 ☺ 😐 ☹

1 Ergänze und schreibe.

Diese Wörter nennt man Verben.

Verben sagen, was man tut.

mal_n

ruf_n

lern_n

renn_n

turn_n

☺ ☺ ☹ 27

1 Male aus,
was du gern tust.

rennen

fahren

helfen

malen

essen

1 Lies und verbinde.

Sche •
• te
• re

Schau •
• sel
• fel

Schau •
• kel
• mel

Fla •
• sche
• se

Rut •
• sche
• ge

Ta •
• fe
• sche

1 Lies und verbinde. Schreibe.

 • schnei •

sen

den

 • schla •

fen

gen

 • du •

schen

ten

 • schlei •

ken

chen

1 Lies und kreuze an.

○ **Dach**
○ **Bach**

○ **Molch**
○ **Milch**

○ **Tuch**
○ **Buch**

○ **Bauch**
○ **Rauch**

○ **Nacht**
○ **Acht**

○ **Drachen**
○ **Sachen**

2 Male ch farbig an.

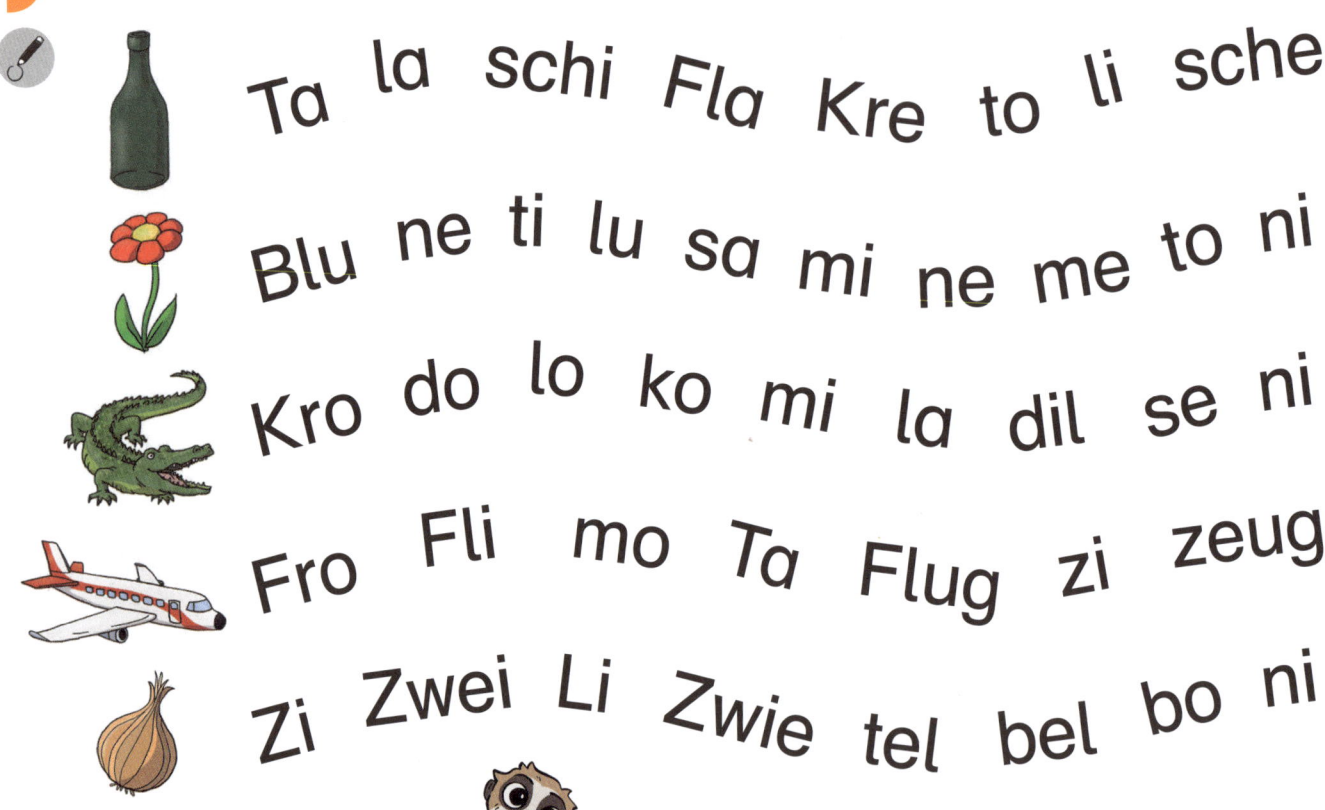

1 Suche die Silben zum Bild. Kreise sie ein.

Ta la schi Fla Kre to li sche

Blu ne ti lu sa mi ne me to ni

Kro do lo ko mi la dil se ni

Fro Fli mo Ta Flug zi zeug

Zi Zwei Li Zwie tel bel bo ni

Ein Wort auf dieser Seite hat 3 Silben!

☺ 😐 ☹

1 Ergänze, schreibe und verbinde.

Was fehlt hier? a, e, i, o oder u?

die Zitr_ne

das Krok_dil

der Pol_zist

der Pap_gei

die Schok_l_de

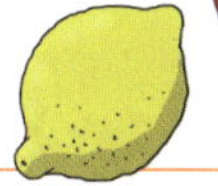

☺ 😐 ☹ 33

1 Lies und kreuze an.

○ das **Flugzeug**
○ die **Flasche**

○ die **Zitrone**
○ die **Zwiebel**

○ das **Krokodil**
○ der **Polizist**

○ der **Elefant**
○ der **Papagei**

○ die **Schokolade**
○ die **Waschmaschine**

○ die **Zahnbürste**
○ der **Lastwagen**

2 Zeichne ⌣ , ⌣⌣ oder ⌣⌣⌣ ein.

34 ☺ 😐 ☹

Viel Spaß!

1 Male nur diese Dinge bunt aus:

Buch, Milch, Schere, Schüssel, Tisch

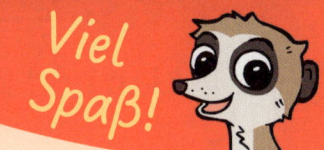

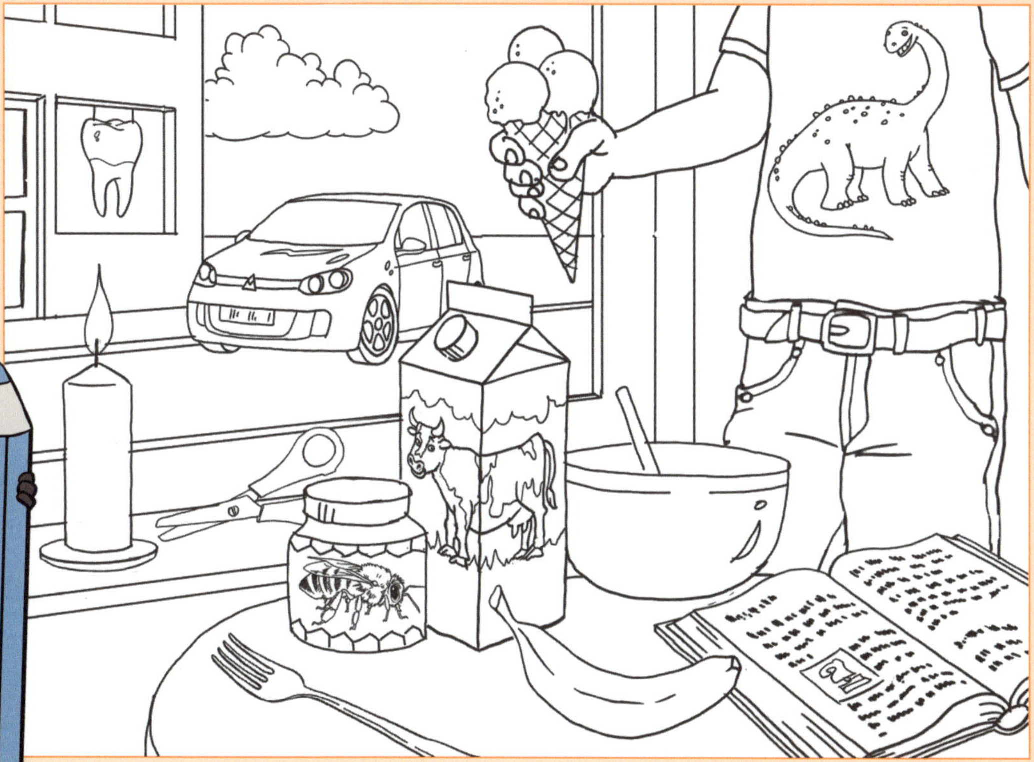

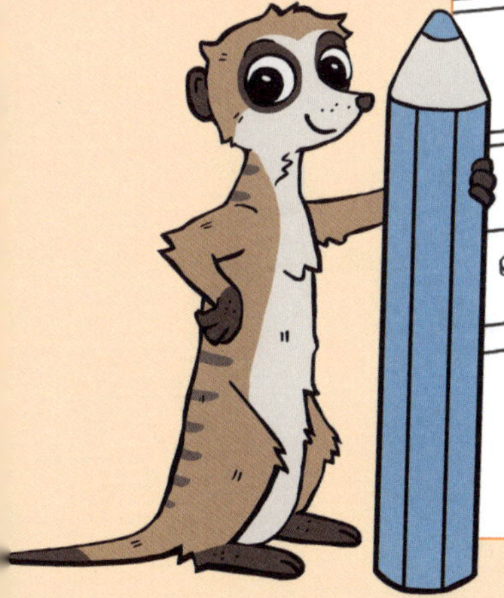

1 Lies und kreuze an.

○ Dose
○ Rose

○ Hase
○ Nase

○ Kanne
○ Wanne

○ Leiter
○ Reiter

○ Tonne
○ Sonne

○ Wippe
○ Klippe

Feine Reime!

2 Zeichne ⌣⌣ ein.

1 Suche die Silben zum Bild. Kreise sie ein.

 La li Ba No na ni me lo kra ne

 A E li Lo mi mau mei ke se di

 Kro de Sa Ta li la ne se scho mi

 Ma Ka Pa pi du sa scho pa gi gei

So Scho Ta ko lo la di fa so de

☺ 😐 ☹ 37

1 Ergänze, schreibe und verbinde.

der Elef_nt

die Zitr_ne

der Pap_gei

das Krokod_l

die Sch_k_lad_

 Ergänze.

 die **Lam**

 der **Pin**

die **Am**

das **Pa**

der **Del**

der **Sa**

die **Ta**

das **Ka**

Viel Spaß!

1 Löse das Rätsel.

1. Man stellt Bücher hinein.

3. Man trägt sie an den Beinen.

4. Man sitzt oder liegt darauf.

5. Man isst damit, aber keine Suppe.

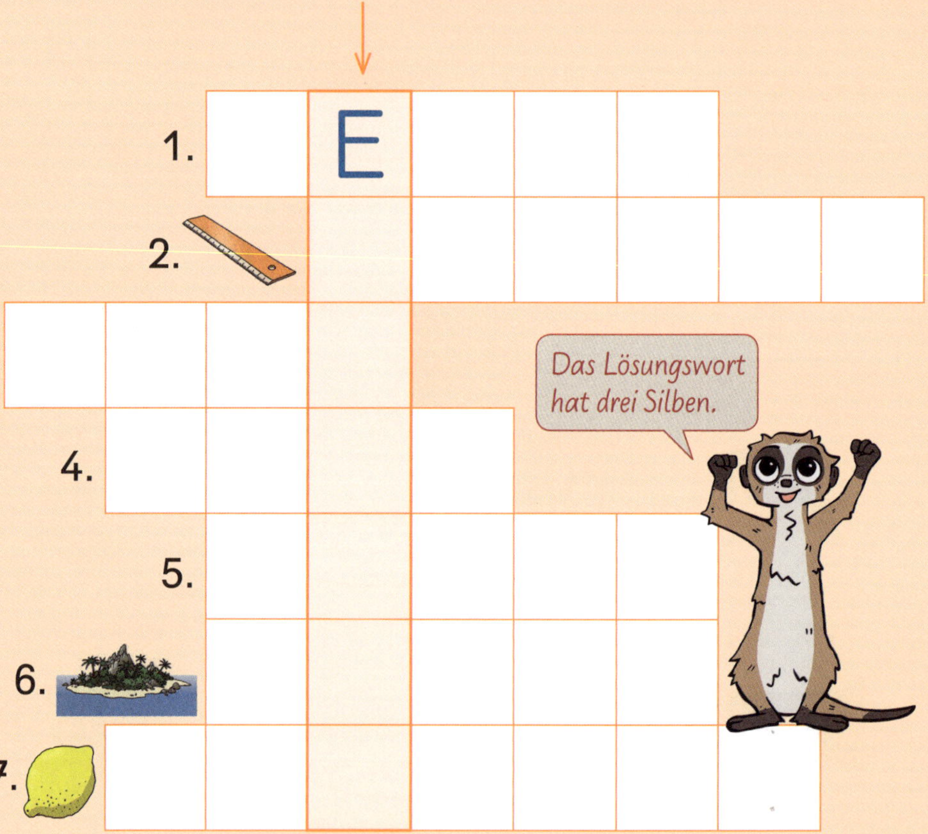

1. | | | E | | | |

2. | | | | | | |

3. | | | | |

4. | | | |

5. | | | | |

6.

7.

Das Lösungswort hat drei Silben.